VENTE DU MERCREDI 29 JANVIER 1868

SALLE N° 5

Collection de M. L***

OBJETS D'ART

DU XVIᵉ SIÈCLE

Émaux de Limoges.
Meubles sculptés. — Armes.
Bronzes. — Marbres.

EXPOSITION LE MARDI 28 JANVIER 1868

COMMISSAIRE-PRISEUR	EXPERT
Mᵉ CHARLES OUDART	**M. ÉMILE BARRE**
Boulevard des Italiens, 26.	Rue de la Chaussée-d'Antin, 40.

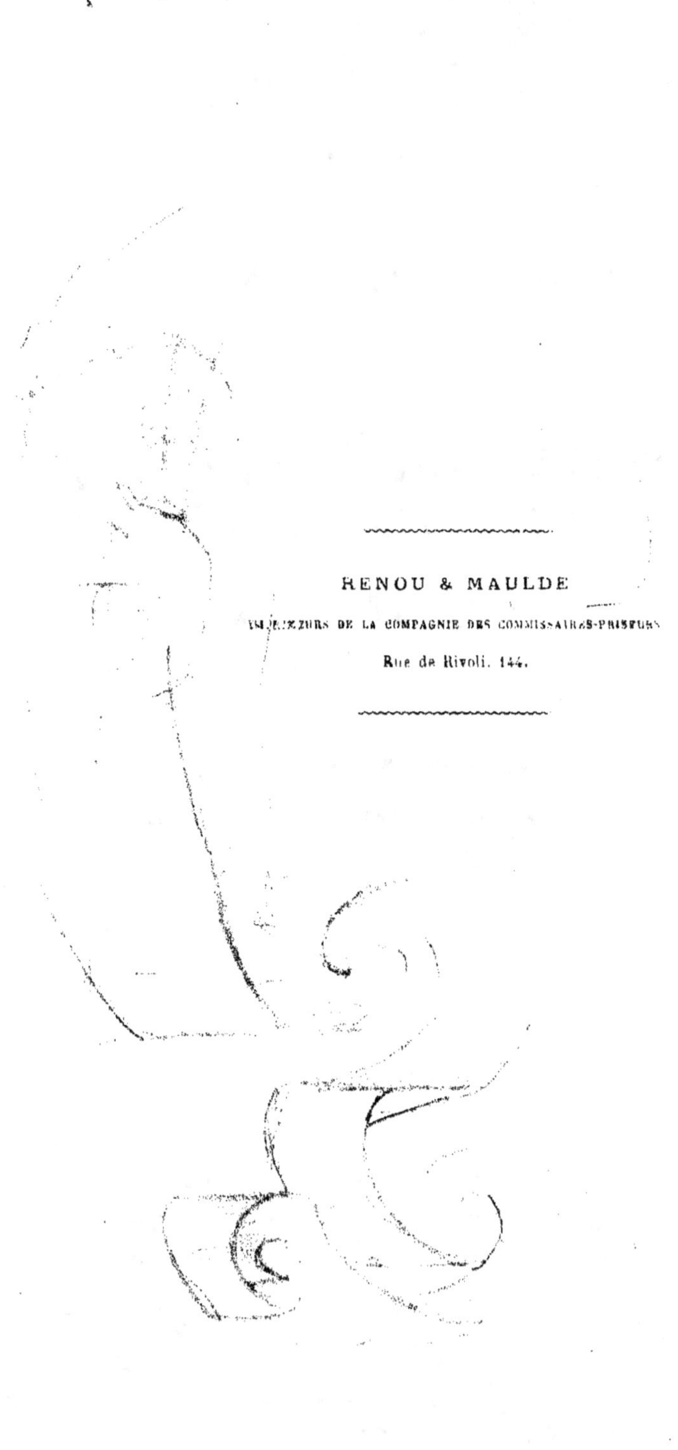

RENOU & MAULDE

IMPRIMEURS DE LA COMPAGNIE DES COMMISSAIRES-PRISEURS

Rue de Rivoli, 144.

CATALOGUE

DE

OBJETS D'ART

DU XVIᵉ SIÈCLE

MEUBLES EN BOIS SCULPTÉ DE LA RENAISSANCE

ÉMAUX DE LIMOGES

Très-beau triptyque de N. PENICAUD

Coupes de P. RAYMOND

Coffrets, Plaques, etc.;

Statuette d'Enfant, en marbre, par FRANÇOIS FLAMAND

VIERGE EN MARBRE DE LA FIN DU XVIᵉ SIÈCLE

**Faïences italiennes et de Bernard Palissy. — Ivoires.
Buis, Étains, Objets en cuivre, fer et bronze.**

ARMES ANCIENNES

**Casques, Épées, Hallebardes, Fauchards, Arbalètes,
Poignards, Fusils persans, Pistolets de Lazarino, etc.;**

COMPOSANT LA COLLECTION DE M. DE L***

DONT LA VENTE AURA LIEU

HOTEL DROUOT, SALLE Nº 5

Le Mercredi 29 Janvier 1868.

Par le ministère de Mᵉ **CHARLES OUDART**, Commissaire-Priseur,
Boulevard des Italiens, 26,

Assisté de M. **ÉMILE BARRE**, Expert, rue de la Chaussée-d'Antin, 20,

CHEZ LESQUELS SE DÉLIVRE LE CATALOGUE.

EXPOSITION PUBLIQUE

LE MARDI 28 JANVIER 1868.

PARIS — 1868

CONDITIONS DE LA VENTE

Elle sera faite au comptant.

Les Adjudicataires paieront CINQ POUR CENT, en plus des enchères, applicables aux frais.

L'Exposition mettant les Amateurs à même de s'assurer de l'état des Objets, il ne sera admis aucune réclamation une fois l'adjudication prononcée.

Les Objets composant la Collection de M. de L***
étant attendus de province et n'étant pas encore
arrivés au moment où nous faisons ce Catalogue, il
nous est impossible de donner des désignations
détaillées.

Nous engageons vivement MM. les Amateurs à
venir visiter l'Exposition de cette Collection; ils y
trouveront plusieurs pièces très-intéressantes, telles
que le triptyque de NARDON PENICAUD, la Coupe de
PIERRE RAYMOND et les autres Émaux de Limoges.

LES MEUBLES, peu nombreux, sont excessivement
faits et d'un travail très-fin et très-précieux. —
Deux pièces en marbre méritent une mention spé-
ciale, ce sont: un Enfant de FRANÇOIS FLAMAND et
une VIERGE de la fin du XVIe siècle.

Enfin la partie la plus nombreuse de cette Collection est formée par les ARMES et OBJETS EN FER: les
amateurs de cette partie de l'art du XVIe siècle y
trouveront un grand nombre de pièces offrant de
l'intérêt, notamment deux Casques et deux Fauchards de la République de Venise, très-richement
gravés et rehaussés d'or.

DÉSIGNATION

DES OBJETS

MEUBLES RENAISSANCE

1 — Superbe Meuble à deux corps orné de cariatides, avec vantaux finement sculptés, époque de Henri II.

2 — Petit Meuble à deux corps, les vantaux ornés de médaillons de figures.

3 — Table à colonnettes, ornée de mascarons.

4 — Coffre gothique, le panneau de devant orné de figures.

5 — Chaise circulaire à colonnettes.

6 — Cabinet Louis XIII incrusté d'étain.

ÉMAUX DE LIMOGES

7 — Triptyque en émail, de NARDON PENICAUD, avec imitation de pierres précieuses. La pièce du milieu et les volets représentent des scènes de la vie du Christ.

8 — Coupe en émail, de PIERRE RAYMOND, en grisaille teintée. L'intérieur représente un sujet mythologique.

9 — Petite Plaque de NOUAILHER.

10 — Coffret en émail byzantin, avec figures en relief.

11 — Autre Coffret en émail byzantin.

12 — Très-belle Plaque en émail de Limoges, dans son cadre italien en bois sculpté.

13 — Devant de coffret en émail de Cologne.

14 — Agrafe de ceinture en émail gréco russe.

FAÏENCES ITALIENNES & DE B. PALISSY

15 — Deux Assiettes d'Urbino à fond jaune orné de trophées.

16 — Plat à godrons, faïence d'Urbino, sujet mythologique.

17 — Autre Plat, faïence d'Urbino, sujet mythologique.

18 — Deux Statuettes de Bernard Palissy, saint Pierre et saint Paul.

19 — Plat de Bernard Palissy, décor de mascarons.

20 — Autre Plat de Bernard Palissy, décor à jour.

MARBRES

21 — Enfant en marbre blanc, demi-nature, de FRANÇOIS FLAMAND.

22 — Vierge en marbre blanc sur socle, de la fin du XVIᵉ siècle.

IVOIRES, BUIS

23 — Bel Ivoire gothique représentant la Vierge tenant dans ses bras l'enfant Jésus.

24 — Petite Plaque en ivoire d'une sculpture très-fine.

25 — Petit Diptyque en ivoire d'une sculpture très-fine.

26 — Autre petit Diptyque en ivoire d'une sculpture très-fine.

27 — Dix Couteaux à manches en bois, très-finement sculptés, représentant des personnages.

OBJETS DIVERS

28 — Un Berceau d'enfant en fer et bronze, époque de Louis XIV.

29 — Aiguière et Plat en étain de Briot.

30 — Buire vénitienne en cuivre repoussé avec ornements en émail.

31 — Grande et belle Aiguière en cuivre repoussé, travail vénitien.

32 — Flambeau vénitien en bronze damasquiné d'argent, *pièce très-remarquable.*

33 — Petite Pendule italienne à clochetons, avec cadre en argent émaillé.

ARMES ANCIENNES

Objets en fer. — Bronzes antiques.

34 — Casque gravé et rehaussé d'or.

35 — Autre casque, gravé et posé d'or.

36 —   id.   id.

37 — Autre Casque.

38 — Un Gantelet.

39 — Fusil oriental, avec marqueterie de cuivre et d'or.

40 — Autre Fusil oriental, avec marqueterie de cuivre et d'or.

41 — Autre Fusil oriental, avec marqueterie de cuivre et d'or.

42 — Arbalète à rouet incrustée d'ivoire gravé, avec son cranequin.

43 — Paire de Pistolets de Lazarino, avec crosse et ornements en fer finement gravé et travaillé à jour.

44 — Autres Pistolets de Lazarino, avec crosse et ornements en fer finement gravé et travaillé à jour.

45 — Autres Pistolets de Lazarino, avec crosse et ornements en fer finement gravé et travaillé à jour.

46 — Une paire de Pistolets.

47 — Un Pistolet.

48 — Un Pierrier.

49 — Un Arc.

50 — Épée, avec riche garde en fer forgé et posé d'or.

51 — Épée en fer avec poignée à tête d'épervier.

52 — Autre épée, plus courte, également à tête d'épervier.

53 — Épée avec poignée formée par un animal chimérique en bois, travail chinois.

54 à 69 — Seize Épées du xvie siècle de formes diverses, avec poignées à coquilles, à jour, à serpents, et autres, dont quelques-unes ornées d'armoiries, damasquinées, etc.

70 — Deux Fauchards de la république de Venise, avec lames très-richement gravées et rehaussées d'or.

71 — Un autre Fauchard gravé.

72 — Une Pique avec fer gravé.

73 à 79 — Sept Hallebardes avec fers gravés et quelques-uns armoriés et damasquinés.

80 — Poire à poudre en ivoire sculpté.

81 — Autre Poire à poudre en fer repoussé.

82 — Mors arabe en fer étamé.

83 — Très-beau Marteau de porte en fer ciselé, orné de figures et de mascarons.

84 — Coffret en fer finement gravé, travail allemand.

85 — Autre Coffret id. id.

86 — Coffret gothique en fer forgé, avec ornements à jour.

87 — Autre Coffret gothique en fer forgé, avec ornements
à jour, plus petit.

88 à 91 — Quatre marteaux de porte en fer ciselé.

92 à 94 — Trois Serrures ou verrous   id.

95 — Étriers en bois sculpté, travail mauresque.

96 — Petit Coffret en bois sculpté.

97 — Minerve, statuette en *bronze antique*, *avec yeux en
argent*.

98 — Char traîné par quatre chevaux, en bronze antique.

99 — Une paire d'Étriers en fer, travaillés à jour.

100 — Un Cranequin d'arbalète.

Renou et Maulde, imprimeurs de la Compagnie des Commissaires-Priseurs,
rue de Rivoli, 144.   11001